ALEKSANDRA PAWLOFF

SELBST BEWUSST

FRAUEN
DIE IHREN
WEG GEHEN

ALEKSANDRA PAWLOFF

SELBST BEWUSST

FRAUEN DIE IHREN WEG GEHEN

METROVERLAG

© 2013 Metroverlag
Verlagsbüro W. GmbH
info@metroverlag.at
Alle Rechte vorbehalten
Alle Fotos: Aleksandra Pawloff
Grafische Gestaltung: Johannes Pernerstorfer
Lektorat: Angelika Klammer
Gesamtherstellung: Theiss Druck, St. Stefan i. L.
Printed in the EU
ISBN 978-3-99300-109-4

für meine Mutter
für Salomea und Karina

INHALT

WAS IST DAS BESONDERE?

Was ist das Besondere an diesen Fotos, diesen Porträts von Frauen, von „erfolgreichen Frauen", die – wahrscheinlich – trotz aller Widerstände ihren eigenen Weg gefunden haben, sich durchgesetzt haben.

Als Aleksandra Pawloff mir vor einigen Monaten im Café UNI:VERSUM in Salzburg einige ihrer Fotos hingelegt hatte, begriff ich schnell, dass diese Bilder etwas Besonderes zeigten. Und stellte mir zuerst einmal vor, wie „erfolgreiche", einflussreiche Männer in dieser Lage ausgesehen haben mögen, wie sie sich „präsentieren", wie sie sich hinstellen, wie sie vielleicht lächeln oder auch respektheischend blicken würden. Natürlich bin ich mir im Klaren, dass dies ein Vorurteil, ein Klischee ist.

Als Aleksandra Pawloff mich dann einlud, etwas darüber zu schreiben, lehnte ich dies erst einmal ab; ich traute es mir nicht zu und zweifle ja immer noch daran, ob ich nicht bei meiner Ablehnung hätte bleiben sollen.

Dann kamen noch mehr Fotos, und mir war immer noch ein Rätsel, wie sie es anstellt, dass diese Frauen sich ihr öffnen und ganz sie selbst sind (das sag ich jetzt einmal, leichtsinnig, ohne auch nur eine dieser Frauen zu kennen).

Wenn's sein muss, scheint die Gastwirtin und Köchin Maria Strutz zu denken, dann machen Sie halt ein Foto – so auch die Mühlenbesitzerin und Bäckerin Hermine Wiegele. Sie scheinen beide völlig bei sich zu sein, wie auch Eva Blimlinger oder die Festspielpräsidentin Helga Rabl-Stadler, wie Elisabeth Menasse-Wiesbauer oder Suzanne Rödler. „Starke Frauen?" Eigentlich wohl alle, sonst könnten sie nicht s o dastehen (wie Johanna Rachinger zum Beispiel); aber die „Stärke", die Beharrlichkeit einer Friederike Mayröcker, einer Schwester Silke oder Barbara Preitler und auch der Politikerin Barbara Prammer kann ich nur erahnen. Wieso ich?, scheint Sahel Zarinfard zu denken, ich bin doch nur eine Journalistin und Herausgeberin.

Sehr mag ich das Foto der Valie Export, und ich verstehe es gut, dass es als Titelbild verwendet wird. Aber auch jenes der Cecily Corti lässt mich nicht los.

Diese Frauen erscheinen mir souveräner als viele Männer in ähnlichen Positionen, soweit ich dies beurteilen kann, sie brauchen nicht zu imponieren, zumindest nicht in ihrer „privaten Welt". Es lohnt sich auch, auf die Hände zu schauen – soweit sie auf den Fotos sichtbar sind, zum Beispiel bei der Richterin Barbara Helige oder eben der Künstlerin Valie Export. Ihren Händen scheint langweilig zu sein, sie möchten etwas t u n.

Jetzt höre ich lieber auf, bevor Aleksandra Pawloff mir weitere Fotos schickt …

Walter Kappacher

Als Teenager fand ich es ziemlich überflüssig, dass sich meine Mutter in der Frauenbewegung engagierte. Aber mittlerweile weiß ich, dass wir von Gleichberechtigung noch weit entfernt sind. Ich habe inzwischen so viele außergewöhnliche Frauen getroffen, dass ich dachte, es wäre an der Zeit, einige davon zu präsentieren. Als ich dann die Studie „Mixed Leadership" von *Ernst & Young* las, die zu dem Schluss kommt, dass Betriebe mit Frauen im Vorstand nicht nur menschlich, sondern auch ökonomisch besser abschneiden, machte ich mich an die Arbeit. Dabei ist es mir nicht nur darum gegangen, dass diese Frauen Karriere gemacht haben, was auch immer das ist, sondern dass sie ihren Vorstellungen gefolgt sind und dass sie das, was sie tun, gut tun und gerne. Und es ist mir um sehr unterschiedliche Lebensmodelle gegangen.

Manchmal hatte ich schon ein Bild im Kopf, bevor ich zum Fototermin gefahren bin. Anne Bennent zum Beispiel ist eine Frau, die so viel wagt in ihrem Spiel, sie wollte ich balancierend zeigen. Bei Johanna Rachinger wusste ich nur, dass ich sie nicht vor den alten Bänden fotografieren werde, also haben wir einen Ort gesucht, der etwas mit ihrem Beruf zu tun hat, als Assoziation, aber nicht als Darstellung. Alle Frauen sind in ihrem Arbeitsumfeld aufgenommen.

Es braucht seine Zeit, bis etwas von der Fassade weggeht. Dazu muss ich Kontakt herstellen, eine Beziehung schaffen. Es gibt eine Entwicklung in den Fotos: Irgendwann entstehen diejenigen, bei denen ich das Gefühl habe, da ist wirklich dieser Mensch. Mit einer Kamera bin ich urteilsfrei, offen, lasse viel zu. Ich interessiere mich für die Menschen, die ich fotografiere, will etwas erfahren, und dadurch, glaube ich, zeigen sie mir auch mehr von sich. Ich wünschte, ich würde allen Menschen auch ohne Kamera so begegnen.

Entscheidend ist das Licht, weil man durch schlechtes Licht Menschen verunstalten kann. Durch gutes kann man ausgleichen, modellieren, das Schöne und Ausdrucksstarke in einem Gesicht besser zur Geltung bringen, aber nachträglich bearbeitet werden die Fotos kaum. Ich will keine Falten wegretouchieren, der Ausdruck ist mein Kriterium. Die Kraft und Ruhe einer Hermine Wiegele, das Vertrauen einer

Lilly Maxwald, das ist es, was berührt, der Moment, das Lebendige, nicht das Makellose.

Richard Avedon hat einmal gesagt, er möchte bei einem Foto nicht als Fotograf erkannt werden, es gehe ihm nicht um sich, sondern um die Person, die er fotografiert. Das ist ein Vorbild. Dahinter steckt keine Bescheidenheit, sondern Überzeugung. Ich will hinter der Kamera sein, das habe ich mir ausgesucht. Natürlich wird man trotzdem erkannt, mit der Zeit, irgendwann. Und natürlich macht es Spaß, ein Bild zu inszenieren nach den eigenen Vorstellungen, aber ohne die Beziehung zum anderen, ohne dieses Feiern des anderen, entsteht kein wirkliches Porträt.

Ich habe zwei Fragen gestellt, die den Lebenshintergrund beleuchten: „Was hat Sie geprägt?" und „Was, glauben Sie, wäre anders gewesen, wenn Sie als Bub auf die Welt gekommen wären?" Ich bin mit einem Zwillingsbruder aufgewachsen und habe mich schon als Kind immer gewundert, warum der eine Mensch so wird und der andere so. Deswegen habe ich nach Lebensstationen gefragt, nach Erlebnissen, Brüchen, Vorbildern … was ist jemandem passiert, was hat er daraus gezogen, warum hat er diese Richtung eingeschlagen, nicht eine andere. Bei der zweiten Frage, ein Spiel der Fantasie, wollte ich herausfinden, ob Frausein als Ressource oder als Hindernis erlebt wurde. Dass alle Frauen in ihren oft sehr persönlichen Antworten in ihrem Originalton erkennbar sind, war mir wichtig.

Es sind so viele verschiedene Lebensmodelle hier versammelt, eine so große Palette an Möglichkeiten. Was mich immer gereizt hat an Reisen, geht in dieselbe Richtung: Die Erleichterung, die ich empfand, zum Beispiel in Afrika, wenn ich sah, dass alles ganz anders ist als bei uns, aber auch funktioniert; wunderbar, hab ich da gedacht, so kann man es auch machen. Und das jetzt im Kleinen, im Österreichischen zu sehen, das ist herrlich. Du kannst als Gastwirtin in einem entlegenen Tal glücklich werden, als Künstlerin oder als Nationalratspräsidentin. Vieles steht uns Frauen offen, wir müssen uns trauen. Es gibt so viele Möglichkeiten, das hat mich gefreut, weil es auch eine Art Reise war.

A. P.

NANA ANSARI

Künstlerin, Köchin, Gastwirtin

Hier im Ausland hast du keine Vergangenheit, niemand kennt dich. Du musst von null anfangen. Als Kind daheim habe ich den Unterschied zwischen guter und schlechter Umgebung gelernt und ich habe immer das Gefühl, ich möchte meine Umgebung verbessern. Ich will etwas aufbauen, was für Menschen Bedeutung hat, wo Menschen sich wohl fühlen. Das ist mein Ziel, nicht Karriere oder Geld.

Wenn ich ein Mann wäre, würde ich sicher für Ideale kämpfen, ich hätte mich politisch engagiert. Ich bin vielleicht sehr altmodisch, aber ich finde Frauen, die sich für eine Familie entscheiden, müssen auch für die Kinder da sein. Als Mann würde ich an die heißen Stellen der Welt reisen und die Menschen informieren. Durch die Medien erfährst du nicht immer die Wahrheit. Das ist ganz schlecht, als Mann würde ich das anders machen. Ich stelle mir eine Figur wie Don Quijote vor, die gerecht und tapfer ist und ein starkes Gefühl für Ehre hat, auch wenn sie vielleicht dafür verhöhnt wird.

SUZANNE RÖDLER

Kardiologin
Initiatorin der *CliniClowns*

Ich bin das Kind von Flüchtlingen und da wird man dazu erzogen, durchzuhalten und zu kämpfen und sich nicht unterkriegen zu lassen.

Was mir mittlerweile auch Kraft gibt, Projekte durchzuziehen ist, dass ich einige schwierige Situationen in meinem Leben überwunden habe und gesehen habe, dass man einfach Geduld haben muss und Zähigkeit, um die Dinge schlussendlich auf ein Ziel zu bringen.

Mein Leben als Mann wäre genauso verlaufen. Es ist ja nicht die Frage, ob man ein Bub oder ein Mädl ist, sondern die Frage ist, was will man und wofür will man diese Zeit auf der Erde einsetzen.

Ich hätte es sicher leichter gehabt in vielerlei Hinsicht, aber ich hätte das Gleiche gemacht.

HERMINE WIEGELE

Bäckerin, Mühlenbesitzerin
Gründerin des Museums des Nötscher Kreises

Ich glaube, der Weg ist einem vorgegeben. Meine Mutter war sehr böse, als sie meine Neigung zu meinem Mann bemerkt hat, die Liebe. Er war fast 34, als wir geheiratet haben, ich war drei Tage vor 19, also ein Kind. Ich musste unglaubliche Disziplin lernen, eine dem Haus dienende Disziplin. Das Haus war die Mühle, die Bäckerei und die Kunstsammlung, die den größten Stellenwert eingenommen hat.
1989 haben wir die Mühle renovieren lassen. Die Investition hat sich nicht gelohnt, aber in der Seele und in der Überzeugung weiß ich, dass es der richtige Weg war. Ich bin ein Kriegskind, ich weiß, wie wichtig ein Körnchen ist und das tägliche Brot. Wir haben das inzwischen verlernt, aber ich habe da meine festen Wurzeln. Die Industrie hat immer mehr Eingriff in unsere Branche, wir sind unbedeutend geworden. Aber wir haben Ideen und innere Lebenskraft und mit der Energie, ständig Veränderungen auf sich zu nehmen, wird man das bewältigen.
Wissen Sie, wo ich meine Lebenskraft hole? Täglich in der Natur, im Garten oder bei den Naturprodukten, und das soll nicht nur mir, sondern jedem zur Freude sein.

Ich kann mir nicht vorstellen, wie mein Leben als Mann verlaufen wäre. Ich bin ein sehr mütterlicher Typ und habe sehr viel für Kinder übrig.

RENATE SKOFF

Mitgründerin und Senior-Beraterin von *The Skills Group*

Ich hatte einen Vater, der extrem anspruchsvoll war und sehr hohe Erwartungen an mich gestellt hat. Das war zweischneidig: Es war einerseits ein Ansporn, bedeutete aber auch, dass Zuneigung und Liebe etwas mit Leistung zu tun haben. Ich glaube nicht, dass Menschen, die so aufgezogen wurden, leistungsfähiger sind, sie machen alles nur weniger entspannt. Später habe ich einiges aufgearbeitet. Es hat lange gedauert, bis ich gelernt habe, an der Arbeit, die ich sehr mag, Freude zu haben und gleichzeitig entspannt zu sein. Mit den Jahren kriegst du ein unendlich größeres Maß an Freiheit. Du hast plötzlich so einen großen Spielraum und merkst es auch an der Reaktion der Menschen. Sie kommen dir anders entgegen, wenn du aus dieser Freiheit heraus agierst.

Ich hatte nie wirkliche Probleme als Frau in meinem Beruf. Zweimal in all den Jahren hat es Kunden gegeben, die aus einer extremen Männerwelt kamen, wo ich das Gefühl hatte, sie akzeptieren mich nicht, wie ich bin. Aber bei allen anderen, da war's eher anders herum. Die waren, glaube ich, sehr einverstanden, mit einer Frau zusammen zu arbeiten. Das hat schon auch etwas mit diesem Beruf zu tun. Da sind Frauen viel mehr geschätzt als anderswo. Allerdings nicht, wenn es in die Führungsebenen raufgeht, da sitzen schon wieder hauptsächlich die Männer.

ELISABETH FUCHS

Dirigentin

Es gibt für jede Lebensphase verschiedene Kraftquellen. Im frühen Kindesalter war das außer dem Elternhaus auch die Blasmusikkapelle, die zu uns ins Gasthaus kam. Bei Vorbildern geht's ja im Grunde darum, einen Impuls zu kriegen, dann probiere ich es für mich als Kind aus, merke, das liegt mir, dann geht man da weiter. Aber wenn ich die Chance nicht habe, kann ich den Weg gar nicht gehen.

So mit elf, zwölf Jahren bin ich auf die Weiße Rose und Sophie Scholl gestoßen und war fasziniert. Ich dachte mir, das ist es, diese Frau, die ihren Weg geht, die Zivilcourage zeigt, die einfach sagt: Nein. Und so habe ich mein Leben auch gelebt: rausfinden, was will ich, was meine Meinung ist und die auch sagen. Und die Konsequenzen dafür einstecken.

Und dann kam Gott ins Spiel, da war ich 16. Ich habe so gut gespürt, was Franz von Assisi meint, und erkannt, dass es nicht um mich geht, sondern darum, mit meinen von Gott geschenkten Talenten zu wirken. Ich kann bei allem, was ich mache, entspannt sein. Und selbst wenn es eine Herausforderung ist, die man nicht bewältigt, dann hat man eben was gelernt.

Als Mann hätte es länger gedauert, bis ich meinen Weg finde, ich hätte mehr das machen müssen, was sich mein Vater gewünscht hätte. Als Dirigent wär's einfacher gewesen. Aber einfach ist ja nicht gleich glücklicher. Ich hätte schneller internationale Karriere gemacht, weil ich ziemlich gut bin, in dem, was ich mache, und eine erstaunlich kleine, lokale Karriere mache. Das habe ich sehr bewusst gewählt, weil ich Familie habe und es nicht vertretbar finde, ständig unterwegs zu sein. Es ist ja kein Lebensstandard extrem viel Geld zu verdienen und im Hotel zu wohnen.

SABINE HAAG

Kunsthistorikerin
Generaldirektorin des Kunsthistorischen Museums mit
Museum für Völkerkunde und Österreichischem Theatermuseum

Eines der Prinzipien, die ich aus meinem Elternhaus mitbekommen habe, war, dass man sich immer aussuchen kann, womit man sich beschäftigen möchte. Aber das, was man anfängt, das macht man auch fertig. Mein Vater war Notar und meine Mutter war Hausfrau mit fünf Kindern, aber in dem, was sie gemacht hat, hat sie wirklich sehr hohe Ansprüche gehabt und das auch durchgezogen, unermüdlich. Nach gewissen Vorgaben, mit einem sehr autoritären Mann, aber was ich von ihr gelernt habe, war, selbstbewusst, sehr eigenständig agieren zu können, ohne einen Mann, der einem ständig das Händchen hält. Wobei, als sie gesehen hat, dass ihre Töchter sehr wohl Berufe ausüben, hat sie uns gesagt, dass es eigentlich schon schade ist, dass das für sie nicht möglich war.

Ich habe als Tochter mehr Freiheiten gehabt. Mein Vater hat mir zum Beispiel gesagt, ich soll ja nicht ihm zuliebe Jus studieren. Mein Bruder hat's gemacht.
Im Beruf wäre es anders gewesen. Ich habe das Glück gehabt, immer Männer als Chefs zu haben, die mich sehr gefördert und gefordert haben. Aber den letzten Karrieresprung, den habe ich einer Frau zu verdanken. Ich bin mir nicht sicher, ob ein Mann mich so selbstverständlich in diese Funktion gehoben hätte.

MARLENE HAUSEGGER

Künstlerin

Ich habe so einen inneren Drang, dass ich gern gestalte. Wenn ich länger nichts mache, dann geht's mir richtig schlecht. Das war schon so, seit ich denken kann. Vielleicht liegt es daran, dass wir Geschwister immer viel gespielt haben und viele Freiheiten dabei hatten. Kunst ist ja nichts anderes, als dieses Spielen reflektiert weiterzuführen.

Ich bin auch dankbar für das, was bis jetzt alles passiert ist, für alles, was ich schon habe erleben können. Diese Erfahrungen, die motivieren einen dann für Neues. Und dann gibt's natürlich schon den Ansporn, dass man mit den männlichen Kollegen mithalten kann. Männer haben es leichter im Kunstbetrieb, gerade in Österreich. Es ist schon drastisch, dass in Ausstellungen noch immer die Männer dominieren, obwohl sechzig Prozent der Kunststudierenden Frauen sind. Es gibt noch diese starren Künstlerklischees, zum Beispiel dieses „Geniebild". Ich glaube, ab 40 wird's dann für Frauen schwierig. Das Bild Mutter und Künstlerin, das sehe ich hier noch nicht.

Als Junge hätte ich vielleicht früher zum Skateboarden angefangen, aber das mache ich jetzt auch.

TEREZIJA STOISITS

Politikerin, Volksanwältin

Ich glaube, das Wesentliche ist, dass ich immer da erfolgreich und gleichzeitig mit mir selbst zufrieden war, wo das, was ich mache, authentisch ist. Ich kann mir nicht vorstellen, dass ich je als Bankerin erfolgreich hätte sein können.
Es gibt immer eine unmittelbare Reaktion auf das, was ich mache. Die muss nicht immer positiv sein. Zum Authentisch-Sein gehört auch dazu, selbstkritisch zu sein. Es gibt bessere Politikerinnen als mich, aber das spornt mich ja an.

Als Mann wäre ich ganz sicher nie in die Politik gegangen, denn ohne die Parität, die wir uns bei den Grünen auferlegt haben, wäre ich nie ins Parlament gekommen.
Meine ganze Entwicklung hängt stark damit zusammen, dass ich ein Mädchen war. Als Bub wäre ich wahrscheinlich in einer HTL gelandet. Alle haben immer gesagt, ich soll doch Lehrerin werden. Jus habe ich dann studiert, aus dem Drang heraus, nicht das zu machen, was von mir erwartet wird.

KATHRIN RÖGGLA

Schriftstellerin

Natürlich ist der Widerstand gegen sehr unterschiedliche Negativszenarien in meiner Kindheit da gewesen. Einerseits war da einiges an Unglück, andererseits haben mich meine Eltern machen lassen, was ich wollte. Das ist ja auch ein gewisses liberales Aufwachsen. Natürlich hat man einen Grund, warum man schreibt. Ich habe mich nicht zu Wort gemeldet, weil ich alles so toll gefunden habe. Dann war auch das Schweigen meiner Mutter. Sie wollte einmal Schriftstellerin werden und hat es nie gemacht.
Sehr unterstützt hat mich die Auseinandersetzung mit Kollegen und Kolleginnen, der Kontakt zu Christine Haidegger. Die Unterstützung ist ja nicht der Anfang des Schreibens, sondern das, was einen weiter bringt.
Wie soll man sprachlichen Furor erklären?

Ich glaube, als Bub hätte ich es schwerer gehabt in der Familie. Ich hätte es nochmal schwerer gehabt, weil ich mich noch mehr behaupten hätte müssen. Als Mädchen hatte ich ein bisschen eine Carte blanche. In der Welt hätte ich es leichter gehabt. Ich hätte mich mehr auf das draufgesetzt, was ich mache. Männer sind da ja sehr narzisstisch und grad Künstlerpersönlichkeiten glauben sehr an sich. Da muss ich jetzt das Klischee heranziehen, aber es ist so. Das hätte natürlich auch eine gewisse Beweglichkeit verhindert. Ein bisschen unbeweglicher wäre mein Leben und Schreiben wahrscheinlich verlaufen.

HILDEGUNDE PIZA

Fachärztin für plastische, ästhetische und rekonstruktive Chirurgie

Ich hatte keine strenge Erziehung. Ich glaube, dass Neugierde bei jedem angeboren ist, und je enger das Korsett, umso rascher ist sie weg.
Nach dem Krieg war ich lange krank. Ich kam nie ins Spital, das haben alles die Mutter gemacht, die Krankenschwester war, und der Vater, der Arzt war. Da haben mir bestimmt die Eltern etwas vorgelebt. Später wollte ich unbedingt in die Chirurgie, völlig ungewöhnlich damals, da war ich praktisch chancenlos als Frau. Durch Konsequenz, auch Zunähenkönnen, bin ich hineingekommen. Ich habe viel gestickt, als ich krank war, es gibt eben nichts, was man im Leben nicht verwenden kann. Dann habe ich mich auf plastische Chirurgie spezialisiert. Wieder als einzige Frau. Mir war es wichtig, Nischen zu entdecken, wie die Versorgung von Kindern mit Handfehlbildung. Und dann war die Neugierde, was kann man herausholen, was ist möglich? Wenn ein Mensch fehlgebildet geboren ist oder nach einem Unfall verunstaltet, dann geht ja in ihm was Entscheidendes vor, was ganz Entscheidendes. Mithelfen können, das Gefüge wieder herzustellen, das finde ich eine tolle Aufgabe in der Chirurgie. Die Neugierde und die Begeisterung und das Brennen und das Gehen. Weiter, einfach weiter.

Ich war ein gewünschter Bub, und mein Vater dachte, weil ich ein freiheitsliebender Mensch war, dass es gescheit wäre, wenn ich einen Männerberuf ergreife. Er hat mich wirklich als Rauchfangkehrer angemeldet. Wir Frauen damals wurden nicht dazu erzogen, in den obersten Reihen zu kämpfen. Die jetzige Generation hat schon Vorbilder. Aber bei uns war es dünn. In Innsbruck hat der Minister, bevor er meine Berufung an die Klinik unterschrieben hat, noch fragen lassen, ob ich es mir zutraue und es mir nicht doch noch überlegen möchte.

MARINA FISCHER-KOWALSKI

Soziologin, Universitätsprofessorin

Ich bin sehr liberal erzogen, für die 50er-Jahre ungewöhnlich liberal. Es wurde mit mir verhandelt, aber letztlich galt meine Entscheidung. Für die musste ich dann die Konsequenzen tragen. Es war von Anfang an klar, es ist wichtig, was ich will, und es liegt an mir, wie ich es realisiere. Dann kommt dazu, dass meine Eltern exponierte Linke waren und ich dadurch eine Außenseiterin. Das heißt, ich musste mich eigentlich immer mehr anstrengen, um überhaupt eine Chance zu haben, und habe Strategien gelernt, durch sehr gute Leistung unangreifbar zu sein und frei zu bleiben. Das hat mich sehr trainiert, denn da lernt man Risiken einzuschätzen, sich Dinge gut zu überlegen und Leute für seine Anliegen zu gewinnen.

Ich hätte in meiner späteren Studienzeit gesagt, dass meine Weiblichkeit keine große Rolle spielt. Aus heutiger Sicht stimmt das überhaupt nicht. Ich sehe es jetzt, wo ich eine ältere Frau bin und nicht mehr von Hähnen umgeben, daran, wie gut ich Entscheidungsprozesse durchbringe, wie rund Dinge gemacht werden können. Als ich eine junge Frau war, die gleichzeitig als Sexualobjekt umworben wurde, da habe ich wirklich viele, viele Schwierigkeiten bekommen deswegen. Ich glaube, ich hätte als Student viel glatter meinen Weg gehen können. Eine provokante Frau, die auch noch relativ hübsch und sexy ist, da haben sich die Leute gefürchtet und mich blockiert.

TATJANA OPPITZ

Generaldirektorin von IBM Österreich

Meine Eltern haben uns immer gesagt, es ist wichtig, einen Beruf zu erlernen, und meine Schwester und ich haben uns schon als Mädchen wahnsinnig auf das Studium gefreut. Meine Mutter hat auch studiert und war eine Zeitlang berufstätig. Es hat ihr Leid getan, dass sie durch die Diplomatentätigkeit meines Vaters damit aufhören musste. Ich kann nicht sagen, ob mich das beeinflusst hat.

Das Durchhaltevermögen, den Ehrgeiz, das haben wir sicherlich auch von der Familie. Das waren lauter Kämpfernaturen: Meine Großmutter war als 19-jähriges Mädchen im Krieg im Widerstand aktiv. Sie war übrigens auch berufstätig, unter sehr schwierigen Umständen nach dem Krieg. Sie war verwitwet und hat hart gearbeitet, damit ihre Tochter studieren kann. Ich sag oft so zum Spaß, dass ich da sicher auch was von der Oma mitgenommen habe. Das haben wir in der Familie, dieses Sich-was-Vornehmen und Umsetzen, just do it. Besser gestern als übermorgen.

Wie mein Leben verlaufen wäre, wenn ich als Bub auf die Welt gekommen wäre, ist eine sehr schwierige Frage, weil ich so glücklich darüber bin, eine Frau zu sein. Ich glaube, meine Erziehung wäre nicht anders gewesen. Mein Vater hätte einem Buben genauso auf den Weg mitgegeben: Zielstrebigkeit und Lernen im Beruf. Aber ich glaube in meiner Karriere, jetzt rückblickend, hätte ich es vielleicht schon leichter gehabt. Das sehe ich auch in der großen IBM, wo Gleichbehandlung ganz klar Teil unserer ganzen Firmenkultur ist, dass trotzdem gewisse Sachen bei Männern leichter durchgehen.

BARBARA PRAMMER

Nationalratspräsidentin

Kraft hat mir immer meine Familie gegeben. Dabei war es für sie sicher eine Herausforderung, das umzusetzen, was ihr großes Ziel war: dass alle Kinder etwas „Ordentliches" lernen. Ich habe in meinem Leben viele schwierige Phasen gehabt. Mein erstes Kind war ein uneheliches. Das war 1973, damals war noch das Jungendamt erziehungsberechtigt, nicht ich als Mutter. Das war nicht einfach für mich, aber auch da hat meine Familie immer zu mir gehalten. Ohne sie wäre alles viel schwerer gewesen. Nach der Matura habe ich auf meinem Heimatgemeindeamt gearbeitet und dort meinen ersten Diskriminierungsfall erlebt: Mein Arbeitsplatz musste laut Verordnung der Bezirkshauptmannschaft aufgewertet werden. Ich hatte allerdings einen Kollegen, der lieber eine Schreibkraft wollte, anstatt einen Teil seiner Aufgaben an mich abzugeben. Der Gemeinderat, der aus lauter Männern bestand, hat sich für ihn entschieden. Das sind Erlebnisse, die man nie vergisst. Für mich war dann selbstverständlich, dass ich in der Frauenpolitik aktiv sein muss, weil klar war, dass ich kein Einzelfall bin und ich wusste, ich brauche keine Theorie, ich kenne alles aus der Praxis.

Als Mann hätte ich vieles nicht erlebt. Alleinerziehender Vater wäre ziemlich untypisch und unwahrscheinlich gewesen zur damaligen Zeit. Umgekehrt war es damals für mich bereits einfacher, in die Politik einzusteigen. Da hat es die Generation Frauen vor mir sicher bedeutend schwerer gehabt. Ich habe auch immer wieder Glück gehabt und war einige Male „ zur richtigen Zeit am richtigen Ort". Eigentlich will ich mir gar nicht vorstellen, wie es als Mann wäre, denn ich bin sehr froh über das Leben, das ich bislang gelebt habe.

ELISHAMA SOMEFUN

Krankenpflegerin, Altenfachbetreuerin

Als ich fünf Jahre war, wollten sie mich beschneiden. Sie sagen einem, dass es Geschenke gibt, aber sie lügen. Es gibt nur Leute, die klatschen, und diese harte Frau mit einer Klinge. Meine Freundin war schon dort, als sie mich hingebracht haben. Ich bin weggelaufen, und als ich nach Hause zurückgekommen bin, hatte ich kein Vertrauen mehr. Die Kultur bei uns gefällt mir, aber es ist so viel Unwahrheit. Warum sagen sie mir, dass ich keinen Mann anfassen darf? Warum sagen sie mir nicht die Wahrheit? Verhütung, Aufklärung, das wäre besser für mich. Aber ich musste alles selber herausfinden. Da habe ich meine Kraft entwickelt. Ich habe auch viele Fehler gemacht, weil ich niemanden in der Nähe hatte. In Europa, ganz allein, da habe ich gewusst, jetzt muss ich es schaffen oder sterben. Ich habe mich fürs Überleben entschieden. Nach den sechs Monaten Schubhaft habe ich beim dritten Anlauf im Jahr 2000 eine Arbeitserlaubnis erhalten. Ich habe Deutsch gelernt, den Führerschein, den Staplerschein und eine Ausbildung gemacht. Seit zwölf Jahren pflege ich alte Menschen. Ich habe viel gelernt von ihnen. Ich höre ihnen gerne zu, manchmal sind sie deprimiert und brauchen jemanden zum Sprechen. Ich kann mir keinen besseren Beruf vorstellen.

Wenn ich ein Bub wäre, wäre ich so wehleidig, dass ich schon schreien würde, wenn sich eine kleine Fliege auf mich setzt. Wir Frauen sind auch viel geduldiger. Solange man lebt, gibt es Hoffnung, aber bis man diese Hoffnung erreicht, muss man geduldig sein. Im Leben gibt's viele Möglichkeiten, es gibt immer einen Ausweg. Frauen können besser bleiben, Männer nicht, Männer bringen sich eher um. Ich weiß nicht, warum Gott uns so gemacht hat. Wir leiden viel mehr, wir müssen die Kinder austragen, wir halten mehr aus.

EMMY WERNER

Gründerin des Theaters *Drachengasse*
Direktorin des Volkstheaters von 1988 bis 2005

Die Lust ist mir ganz wichtig. Risikobereitschaft ist es eigentlich. Ich mache ja Frauen immer Mut zum Risiko. „Na was! Riskieren wir es doch einmal!" Das fehlt ja Frauen so stark.

Es gibt sicher Veranlagungen, ich kann es nicht anders sagen. Ich habe schon sehr früh eine unglaubliche Lust auf Eigenständigkeit, auf Unabhängigkeit gehabt. Ich meine damit Engagement und nicht Engagiert-Werden. Es ist ein Unterschied zwischen sich engagieren und sich engagieren lassen. Da habe ich ganz früh gesagt, ich muss den Schauspielerberuf aufgeben. Dabei war ich gut. Aber ich will nicht vor die Leute und warten, dass mich einer engagiert. Autark sein und das Eigene durchsetzen. Aber warum ich das habe, weiß ich nicht.

Als Mann wäre mein Leben viel schlechter verlaufen. Viel schlechter. Die Männer, die Buben standen unter einem ganz anderen Leistungsdruck. Von Mädchen wurde damals wenig erwartet.

Jetzt ist aber auch die Frage, in welcher Zeit bist du ein Bub oder ein Mädchen. Da hab ich Glück gehabt. Ich bin in eine Zeit hineingerutscht, die eher hilfreich war. Es war eine Aufbruchsstimmung, die Zeit der Bewusstwerdung, was für Frauen in der Gesellschaft so läuft. Und ich hatte die Courage zu sagen, ok, jetzt leiste ich eine Pionierarbeit.

CECILY CORTI

Mitbegründerin und Leiterin des VinziRast-Corti Hauses

Da war immer die Sehnsucht und auch das Wissen, dass eine andere Welt möglich ist. Eine Welt, die wir mitverantworten, an der wir, jeder Einzelne, mitwirken. Und es ist die Sehnsucht, dass dieses, mein Leben nicht umsonst gewesen sein mag. Dass ich der Welt bei meinem Abschied nicht weitere Verstrickungen hinterlasse, sondern vielleicht einige gelöste Knoten, ein klein wenig mehr Frieden. Ich erlebe immer wieder Augenblicke, wo ich überwältigt bin vom Potential, das uns gegeben ist, und wie gering das ist, was wir davon heben. Ich glaube, wir haben alle eine Ahnung davon und doch machen wir so wenig daraus.

Ich erinnere mich, dass mir im Alter von neun oder zehn Jahren plötzlich bewusst wurde, welch unbeschreibliches Leid meine Mutter durchgemacht hatte, wie brutal es ist, dass man weiterlebt und nicht am Schmerz zugrunde geht. Im Laufe meines Lebens, in dem ich manches Mal auch meinte, ich wäre lieber tot, habe ich erfahren, welchen Reichtum und Frieden gemeisterte Höllendurchgänge ermöglichen. Sie haben mir letzten Endes zum bedingungslosen Ja zum Leben verholfen.

Ich habe genug damit zu tun, eine Frau zu sein. Ich habe nie darüber nachgedacht, wie mein Leben als Mann verlaufen wäre. Da fällt mir gar nichts dazu ein.

SASKIA WALLNER

Juristin
Geschäftsführerin von *Ketchum Publico*

Es war schon ganz klar Teil der Glaubenssätze zu Hause, dass man die Sachen nicht leichtfertig hinschmeißt. Da gab's und gibt's so eine Performancekultur, eingepackt in wahnsinnig viel Liebe und Unterstützung und Herzlichkeit. Aber am Schluss war schon klar, dadurch dass meine Mutter immer so viel gearbeitet hat und für mich ein Vorbild war, wie sie strahlend nach Hause kommt am Abend, dass Arbeit und Erfolg das Erstrebenswerte ist.

Und dann kommt sicher noch was von diesem Sportlerteil der Familie, von meinem Vater und meinem Bruder. Da habe ich gelernt, du musst dich durch-beißen, und wenn du dich nicht so richtig traust, dann musst du trotzdem runterfahren und dem Christian einfach nach.

Ich habe mich nie benachteiligt gefühlt, sondern es immer nur als Vorteil empfunden, dass ich ein Mädchen bin. Ich weiß nicht, ob ich so erfolgreich geworden wäre als Mann, weil ich in meiner Branche, der Kommunikations-branche, durch diesen weiblichen Management- und Beratungsstil eine noch größere Wirkung erzielen kann.

VALIE EXPORT

Künstlerin

Ich glaube, mein Durchhaltevermögen kommt bei mir daher, dass es so viele Widerstände gab und so wenig, was mich zufriedengestellt hätte. Das hat sicher damit zu tun, dass man in den Kriegs - und Nachkriegsjahren in einer Provinzstadt aufwächst. Ich wollte diese Widerstände für mich zum Positiven bringen. Wenn eine Grenze erkannt ist und überwunden, kommt die nächste. Das erfordert natürlich immer Kraft, man wird aber auch kräftiger dabei, weil diese Aggressionen einen stärker machen.

Als Sohn hätte ich einen besseren Stellenwert gehabt. Aber ich glaube auch, dass ich als Mädchen mehr Freiraum hatte, gegen etwas zu sein, weil das Mädchensein so etwas wie eine non existence ist, wenn man sich nicht an die Regeln hält. Und meine Mutter hat mich nicht drauf gedrillt, eine typische Mädchenidentität zu haben, obwohl ich in einer Klosterschule war. Aber gerade die Klosterschule ist eine besondere Provokation.
Das Künstlerinnensein hat man sich schwer erkämpfen müssen, das war gesellschaftlich nicht akzeptabel. Ganz sicher hätte ich als Mann früher Erfolg haben können.

MARIA SCHAUMAYER

Wirtschaftswissenschaftlerin
Präsidentin der Nationalbank von 1990 bis 1995

Meine Generation ist unter schwierigen Bedingungen aufgewachsen und musste daher ein relativ großes Maß an Beharrungsvermögen, aber auch an Leistungsbereitschaft entwickeln. Die Tatsache, dass mein Vater Widerstand geleistet hat, hat mich sicherlich beeinflusst. Geisteshaltungen, Attitüden kriegt man als Kind mit und den aufrechten Gang. Wenn wir in die unter Hitler verpönte Kirche gegangen sind, ging mein Vater nicht verschämt, sondern in voller Uniform. Das ist eine absolute Haltung, die einen als Kind beeindruckt und prägt.

Ich habe immer als Mädchen und als Frau empfunden und habe, von einer sehr selbstbewussten, gebildeten Mutter erzogen, Frauenrechte immer als Menschenrechte angesehen Ich bin gar nicht sicher, ob es mir als Mann nicht vielleicht zu leicht gefallen wäre, Karriere zu machen. Es war wahrscheinlich als Frau mehr Einsatz nötig und der stärkt auch wieder.

LAURA FEIERSINGER

Fußballerin beim FC Bayern

Bei mir war's immer schon klar, dass ich Fußballerin werde. Es hat mir einfach Spaß gemacht. Vorurteile oder so, die haben mich nie abgeschreckt.
Ich hab nie dran gedacht, der Papa ist Fußballer, das muss ich jetzt auch werden. Am Anfang waren die Jungs in meiner Umgebung skeptisch, aber wie sie mich dann spielen gesehen haben, war das sofort weg, sie waren immer supernett zu mir und haben mich unterstützt.

Männerfußball hat viel mehr Zuschauer und auch von den Medien her wird das mehr unterstützt, da ist die Dichte größer und da weiß ich nicht, ob ich es so weit geschafft hätte. Wobei es auch schwierig ist, im Frauenfußball dorthin zu kommen, wo ich jetzt bin.
Ich denke, von meiner Familie her wäre ich als Bub genauso gefördert worden. Für die macht das keinen Unterschied, ob ich jetzt ein Mädchen bin und Fußball spiele oder ob ich ein Junge geworden wäre.

ADELHEID FÜRNTRATH-MORETTI

Hotelkauffrau
Nationalratsabgeordnete
Bundesvorsitzende von *Frau in der Wirtschaft*

Ich habe mit 23 Jahren, gemeinsam mit meinem Mann einen Gastbetrieb aufgemacht. Wir haben uns sehr bald getrennt und 29 Jahre habe ich die Gastwirtschaft ganz allein geführt, als alleinerziehende Mutter mit zwei Kindern. Wenn man die Einstellung hat, Schwierigkeiten sind da, um überwunden zu werden, dann schafft man das. Das Schlimmste ist, wenn man von vornhinein sagt: „Ach, das geht nicht." Und es kommt sowieso immer etwas Neues auf einen zu. Auch wenn ich ein Ziel habe, gibt's immer Abweichungen nach links, nach rechts, dann bekommt man wieder eine auf den Deckel, dann muss man neu beginnen, aber grundsätzlich sehe ich das immer sehr positiv. Man kann sich auch sehr stark selber motivieren und mobilisieren.

Ich habe immer gesagt, als Bub oder als Mann hätte ich es in meinem Beruf wesentlich leichter gehabt. Ich hätte mich nicht als Alleinerzieherin um die Kinder kümmern müssen. Ich kann mir gut vorstellen, dass ich eine Hotelkette aufgemacht hätte. Mein Vorteil war, dass ich die Kinder sehr jung bekommen habe, und als sie groß waren, quasi ein neues Leben beginnen konnte. Ich habe mich dann für die Interessensvertretung engagiert und bin in der Politik gelandet. Und das ist spannend, da kann man sehr viel bewegen. Die Zeit hätte ich als Mann dann wohl nicht gehabt, da hätte ich ja womöglich die Hotelkette geführt.

SABINE LADSTÄTTER

Archäologin
Direktorin des Österreichischen Archäologischen Instituts
Grabungsleiterin von Ephesos

Ich bin in einem frauendominierten Umfeld aufgewachsen. Meine Großmutter hat mich geprägt: Sie war eine sehr einfache Frau, eine Büglerin
und alleinerziehende Mutter und wollte nie heiraten. Sie war in ihrem
Alter ein wirklich glücklicher Mensch. Ich glaube, das sind schon so Rollen-
bilder, die man mit sich trägt. Im Alter möchte ich so glücklich sein wie meine
Großmutter.
Zu Hause gab's ein extremes Leistungsprinzip. Im Umgang mit meiner Tochter musste ich erst lernen, dass Leistung nicht das Ultimative ist. Vielleicht
war die Archäologie auch eine Flucht aus der Realität.
Es kommt noch dazu, dass ich idealistisch erzogen wurde. Mein Beruf ist
de facto meine Berufung. Er beschäftigt mich Tag und Nacht, so dass ich
Dinge der Sache wegen mache und nicht einer Karriere wegen. Aber ich habe
die Karriere trotzdem gemacht. Das ist erstaunlich.

Ich glaube nicht, dass ich als Mann diesen Beruf gewählt hätte. Ich wäre
wahrscheinlich als Bub mit dem Leistungsgedanken in eine andere Richtung getrimmt worden. In der Archäologie wäre vieles einfacher gewesen.
Es gibt sehr viel mehr Absolventinnen, aber die Leitungsfunktionen in der
Feldarchäologie, die sind sehr stark männlich dominiert. Eine Grabung ist
ein bisschen wie ein Bauunternehmen, mit Kränen und mit allem Drum
und Dran. Einer Frau traut man das nicht zu. Das musste ich auch oft
argumentieren: Meine männlichen Kollegen sind ja auch Archäologen und
keine Kranfahrer. Die wissen ja von einem Kran genauso wenig wie ich.

MONIKA KIRCHER

Vorstandsvorsitzende von *Infineon Technologies Austria*

Ich hatte als Siebenjährige drei kleine Brüder, da lernt man, Verantwortung zu übernehmen und früh den Umgang mit Männern. Sicher hat mich auch der Handwerkbetrieb meiner Eltern geprägt, wo das Unmittelbare des Unternehmertums sichtbar war: dass ein Resultat dabei herauskommt, dass man Kunden zufriedenstellen muss, dass man Mitarbeiter nicht leichtfertig kündigt.

Ich bin dann ab 15 für mich selbst auf die Suche gegangen und war jeden Sommer arbeitenderweise in einem anderen Land unterwegs. Ich wollte unabhängig sein, Neues entdecken. Ich war zwar scheu, aber die Neugierde hat überwogen.

Ich hätte mich genauso bemüht, ein emanzipierter Mann zu sein, der neben beruflichen Herausforderungen auch soziale Kompetenz und Verantwortung lebt. Das machen meine drei Brüder auch. Und ich habe zu vielen Herausforderungen „ja" gesagt, wo vielleicht andere Frauen das Risiko zu scheitern nicht eingegangen wären.

MARIA VOGT

Biobäuerin, Kabarettistin

Ich bin draufgekommen, dass mein Vater sich immer sehr engagiert hat. Und meine Mutter ist eine ganz offene Frau gewesen. Wir haben von ihr sehr viel Freiraum gekriegt, sehr viel Vertrauen.

Was mich sehr geprägt hat, ist, dass ich ganz jung in Südamerika gewesen bin und dort in einer relativ offenen Phase des Erwachsenwerdens eine ziemliche Prägung gekriegt habe. Durch die Menschen, durch die andere Kultur, durch das Entferntsein von Daheim habe ich vieles relativieren und reflektieren können.

Der zweite entscheidende Punkt in meinem Leben ist dieses Großwerden als Bäuerin mit den Frauen von Via Campesina Austria. Dieses gemeinsame Nachdenken und Reden, das ist eine Chance gewesen für mich. Ich kenne ganz viele Frauen, die das Gefühl haben, sie ticken nicht richtig. Aber wir haben uns gegenseitig bestärkt, andere Lösungen zu finden, neue Wege zu gehen.

Ich glaube, als Mann wäre ich angepasster. Vielleicht wäre der Vater mehr das Vorbild gewesen. Mein Bruder ist wirtschaftlich sehr erfolgreich meinem Vater nachgewandert.

MARIE-THERESE HARNONCOURT

Architektin
Partnerin von *the next ENTERprise – architects*

Ich habe so eine Euphorie in mir, eine Begeisterungsfähigkeit, die manchmal auch ein bisschen unrealistisch ist, die einen aber Dinge schaffen lässt, die man vielleicht, wenn man es am Anfang gewusst hätte, gar nicht hätte starten lassen.

Für mich war ein wichtiger Einschnitt, als ich von Graz nach Wien auf die Angewandte gegangen bin. Da hast du dir ein Umfeld geschaffen, wo du ohne bestimmtes Ziel, den eigenen Vorstellungen gefolgt bist und versucht hast, Dinge heraus zu finden. Wie man sich am besten vermarktet und am besten Geld verdient, das war überhaupt kein Thema. Der Start ins Selbstständigsein war dann auch ein Bruch mit Zuhause. Wir sind eine offen denkende, aber dann, wenn's ums Eingemachte geht, auch eine sehr konservative Familie. Und ich musste mich ganz stark distanzieren von dem.

Ich war ja sehr burschikos und habe darunter gelitten, als ich Frau wurde. Jetzt liebe ich es. In der Arbeit bekommst du durchs Frausein schon einmal automatisch mehr Aufmerksamkeit. Ob im Positiven oder im Negativen, aber das ist so. Wenn wir als Büro eingeladen werden, dann nimmt man lieber mich, weil dann eine Frau am Podium sitzt.

Muttersein im Beruf, das ist wieder ein eigenes Thema. Wie man das schafft? Wenn du Vater bist, wird eigentlich nichts von dir erwartet, aber als Mutter wird von dir alles erwartet. Natürlich liebe ich meine Patchworkfamilie über alles. Es muss sich allerdings gesellschaftlich noch einiges ändern, damit es „erfolgreiche" Frauen und viel mehr Kinder gibt.

ELISABETH MENASSE-WIESBAUER

Direktorin des *Zoom* Kindermuseums

Es hat immer wieder so extreme Brüche gegeben in meinem Leben. Das war einerseits schwierig, aber andererseits haben sich mir dadurch neue Dinge eröffnet, neue Möglichkeiten. Sehr viel Kraft hat mir sicher mein Vater gegeben, bei ihm hatte ich immer das Gefühl: was ich tue, ist gut.
Ein ganz ein wichtiger Faktor ist Selbstvertrauen, aber das habe ich lange Zeit nicht gehabt. Zum Glück hat es immer jemand anderen gegeben, der an mich geglaubt hat und gesagt hat: „Das kannst Du schon."

Wäre ich als Bub auf die Welt gekommen, dann wäre ich der erstgeborene Sohn und genau das geworden, was mein Bruder ist: Ich wäre Mühlenbesitzer, denn ich hätte den Betrieb meines Vaters geerbt. Ich würde noch immer im gleichen Ort leben und hätte dort meine Familie. Vielleicht hätte ich auch studiert, aber ich hätte ein ganz anderes Leben, einen ganz anderen Horizont, wäre nicht so viel in der Welt herumgekommen. Das nicht klar Vorgegebene, das Ungewisse hat mir auch immer wieder neue Perspektiven eröffnet.

ANNEMARIE MOSER-PRÖLL

Skirennläuferin, Olympiasiegerin 1980

Ich glaube, das Aufwachsen am Berg, das hat uns unbewusst die nötige Härte mitgegeben. Wir sind glücklich gewesen zu Hause. Mit zehn Jahren hat sich mein Ehrgeiz beim Skifahren herauskristallisiert und ich habe mir Vorbilder genommen: Nancy Greene und Jean-Claude Killy, die habe ich angehimmelt. Was ich ganz faszinierend finde, ist, dass mich die Eltern gelassen haben. Das war sehr großzügig, weil im Grunde genommen, bei uns am Bauernhof jede Hand bei der Arbeit gefehlt hat. Ich habe Skifahren mit Leib und Seele gemacht und das Schwierige hat einfach dazu gehört. Das war für mich kein Muss. Ich habe mir ein Ziel gesetzt: Bis zu den Olympischen Spielen fahre ich, dann beginne ich ein neues Leben. Ich habe mich aufgebäumt, habe das Letzte gegeben. Dann habe ich eine Familie gegründet. Das war wie ein Schnitt, vom Kopf her. Es war leicht, weil ich nie Rennen gefahren bin, um Ruhm zu haben. Ich bin gefahren, weil's mir Spaß gemacht hat, und den Rummel, den habe ich sowieso nicht wollen. Ich bin einfach ein Mensch, der einen graden Weg geht.

Keine Ahnung, was ich als Mann für einen Beruf gewählt hätte. Ich bin die erste in der Familie, die schifahrerisch Ambitionen gezeigt hat. Die zwei jüngeren Schwestern haben mir ein wenig nachgeeifert, aber nicht so viel Erfolg gehabt. Meine Brüder sind Installateure geworden.

SAHEL ZARINFARD

Journalistin
Mitgründerin und Chefredakteurin des Online Magazins *Paroli*

Meine Eltern sind aus politischen Gründen aus dem Iran geflüchtet. Sie wollten meinem Bruder und mir ein freies Leben ermöglichen und es war von klein auf in mir drinnen: Ich muss aus meinem Leben, aus der neu gewonnenen Freiheit etwas machen, und zwar etwas Sinnvolles, was auch anderen Menschen nützt. Ich glaube, dieses Streben nach Mehr und nach Selbstständigkeit oder Eigenständigkeit und der Wunsch, irgendwas aufzubauen, was mir keiner wegnehmen kann, rührt daher.

Ich glaube nicht, dass als Bub aus mir etwas anderes geworden wäre. Ich glaube, Qualifikation und Kreativität und dieser Drang zur Verbesserung des Status quo sind nicht geschlechtsabhängig.
Ich glaube, ich wäre so und so in die Medienbranche gegangen. Ich habe als Siebenjährige mit meiner Freundin meine erste Zeitung gezeichnet. Das war ein innerlicher Drang. Ich muss fairerweise sagen, dass mir mein Frausein bisher nie in die Quere gekommen ist. Es ist mir noch nie passiert, dass ich mich wo bewerbe und mein nächster Konkurrent ist ein Mann und der wird genommen.

BARBARA HELIGE

Richterin
Präsidentin der österreichischen Richtervereinigung von 1998 bis 2007

Ich habe mich immer sehr stark verantwortlich gefühlt für die Schwächeren, also bin ich Klassensprecherin geworden, um diejenigen, die sich nicht trauen oder nicht gut formulieren können, zu vertreten. Rechtsanwältin wollte ich dann werden, weil ich Bücher gelesen habe über Rechtsirrtümer, damit das nicht mehr passiert. Der ganzen Welt kann man nicht helfen, also spezialisiert man sich. Und meine Begabungen lagen beim Präzisen, bei dem, was man für Jus braucht.

Wenn ich irgendeine Arbeit übernommen habe, dann nicht wegen der Position, sondern um etwas zu verbessern. Ich wollte zum Beispiel in der Richtervereinigung eine führende Funktion haben, um die richterliche Unabhängigkeit zu stärken. Das ist es, was mich dann dieses Ziel verfolgen lässt, auch wenn es manchmal schwierig ist. Außerdem mag ich Herausforderungen. Gegenwind spornt mich an.

In späteren Jahren wäre das eine oder andere wahrscheinlich als Mann einfacher gewesen. Es ist sowieso schwierig, in irgendeiner Position eine Vorreiterin zu sein, wenn man noch dazu eine Frau ist, wird auch diese Karte ausgespielt, insbesondere dort, wo ich in der Politik zu tun hatte. Die Männer hatten jahrhundertelang die Macht und sind dadurch besser vernetzt. Gleichzeitig muss man aber sagen, dass ich in der Öffentlichkeit manchmal auch Vorteile hatte, und beruflich hätte ich mittlerweile für Aufstiegsposten kaum Barrieren.

LILLY MAXWALD

Siegerin bei den Paralympics in Dressur, Ski Alpin und Ski Nordisch

Ich hatte immer das Streben weiter, schneller, höher, aber ich kann nicht genau definieren, woher das kam, es war immer da. Ich habe mit der Blindheit
gut gelebt, das war für mich kein Problem, der Sport war kein Überwinden
meiner Begrenztheit. Ich bin das erste Mal bei meinen Eltern zu Hause auf
einem Pferd gesessen. Ich habe Pferde geliebt, ich habe den Geruch gern
gehabt, ich habe sie gerne berührt, das schöne Fell, die Mähne. Es war einfach ein Wunsch von mir, auf einem Pferd zu sitzen und reiten zu können.
Anfänglich hatte ich überhaupt keine Angst. Als Kind und als Jugendliche
kann ich mich eigentlich gar nicht an Angstgefühle erinnern. Wahrscheinlich
weil es immer gut funktioniert hat und ich gute Betreuer hatte. Die Angst
kommt erst mit fortgeschrittenem Alter.
Ich glaube an eine andere Wesenheit, an Gott. Das hat mir sicher geholfen.
Obwohl ich schon manchmal an ihm zweifle, jetzt, wo es mir viel schlechter
geht.

Ich wollte eigentlich immer ein Bub sein. Ich war als sehr wild und ungestüm
bekannt in der Schule. Als Mann wäre mein Leben sehr ähnlich gewesen.
Vielleicht sportmäßig noch ein bisschen intensiver.

BARBARA PREITLER

Psychologin, Psychotherapeutin, Universitätslektorin
Mitbegründerin von *Hemayat*

Ich bin das dritte Kind von sechs und komme aus einer sehr sozial und katholisch geprägten Familie, wo es immer wichtig war, diese christlichen Werte als Option für die Armen zu sehen. Wir sind aber auch von der sozialistischen Partei geprägt worden. Das war eine ziemliche Diskrepanz und ich sehe da durchaus meine Wurzeln. Ich bin auch mit einem unverbrüchlichen Glauben an Menschenrechte groß geworden. Ich merke das im Nachhinein, weil mein Vertrauen in ein Österreich, in dem Gerechtigkeit ein absoluter Wert ist, durch meine Arbeit immer wieder erschüttert wurde.
Ich bin oft in Südasien und erlebe dort unglaubliche Gastfreundschaft und Liebenswürdigkeit. Ich wollte immer im sozialen Bereich berufstätig sein, und gleichzeitig war da die Neugierde am Fremden, dem Anderen. So gesehen habe ich für mich den idealen Beruf gefunden.

Ich hatte eine ziemlich hohe mathematische Begabung. Möglicherweise wäre ich als Bub in diese Richtung mehr gefordert worden. Vielleicht wäre ich Techniker geworden oder ich hätte den gleichen Weg genommen und er wäre viel leichter gewesen. Umgekehrt habe ich in der Therapie gelernt, ich bin, was ich bin. Eine österreichische Frau. Das ist mein Angebot für die therapeutische Beziehung. Als Frau ist es in der Traumatherapie oft leichter, es ist weniger Angst da: Ich gehöre ja doch im Regelfall dem Nicht-Täter-Geschlecht an.

JOHANNA RACHINGER

Generaldirektorin der Österreichischen Nationalbibliothek

Mein Durchhaltevermögen, meine Kraft, das sind sicherlich Charakter-
eigenschaften von mir. Aber natürlich hat auch die Erziehung damit zu tun,
beispielsweise das Vertrauen, das einem als Kind geschenkt wird. Ich bin mit
fünf Schwestern und einem Bruder aufgewachsen. Mein Vater, er war Gast-
wirt, hat immer zu uns Mädchen gesagt: „Lernt zuerst etwas Ordentliches,
verdient euer eigenes Geld. Heiraten könnt ihr dann immer noch." Das war
damals noch sehr ungewöhnlich. Aber diese Leistungsorientierung, dieser
Wunsch nach finanzieller Unabhängigkeit haben mich sehr geprägt. Ich habe
gelernt, dass man sich von einem Hindernis nicht gleich aus der Bahn werfen
lässt. Ich habe auch durchaus die Erfahrung gemacht, dass Leistung etwas
sehr Schönes und Positives sein kann, weil man damit oft Erfolgserlebnisse
verbindet. Vorbilder hatte ich eigentlich nie, aber wenn ich mich zurücker-
innere, wollte ich als Kind so mutig und stark sein wie Pipi Langstrumpf.

Als Mann wäre mein Ich ein anderes, weil das Frausein natürlich ein Teil
von mir ist. Ich bin sehr gerne eine Frau und interessiere mich auch für
feministische Themen, allerdings habe ich mich nie ausschließlich über mein
Geschlecht definiert. Gerade im Beruf sind meine Fähigkeiten und Qualifi-
kationen als Managerin gefragt. Da geht es nicht darum, ob ich ein Mann
oder eine Frau bin.
Früher hat man Buben mehr zugetraut, sie hatten bessere Ausbildungsmög-
lichkeiten. In meiner Familie hatten die Mädchen die gleichen Bildungs-
chancen. Dafür bin ich sehr dankbar, weil ich weiß, dass das nicht selbstverständlich ist.

FREDA MEISSNER-BLAU

Bürgerrechtsaktivistin
Mitbegründerin und bis 1988 Vorsitzende der Partei *Die Grüne Alternative*
1986 erste weibliche Präsidentschaftskandidatin in Österreich

Der Drang zur Rebellion ist bei mir durch das Von-außen-Aufgezwungene, den Krieg, das Eingesperrt-Sein im Nationalsozialismus, das Unterdrückt-Werden durch einen sehr herrischen großen Bruder geweckt worden. Gekoppelt mit einer starken Sensibilität und Mitgefühl. Ich habe es schon als Kind schlecht ausgehalten, dass meine geliebte Kinderfrau nicht mit uns am Tisch essen durfte. Da bin ich lieber bei ihr in der Küche gesessen.
Kraft gibt mir die innere Ruhe und die Beglückung durch die Natur. Da fühle ich mich daheim und ganz bei mir.

Wenn ich als Bub auf die Welt gekommen wäre, hätte ich mich wohler in meiner Haut gefühlt. Als ich ein Kind war, hatten Männer das schönere, interessantere und stärkere Leben. Ich hätte studiert, Karriere gemacht und mich nicht so sehr an meinen Schwächen gemessen. Heute bin ich froh, eine Frau zu sein.

LISA MUHR

DESSI STOYTCHEVA

Architektin,
Eventmanagerin

Modedesignerin,
Theaterwissenschaftlerin

mit Monika Bledl und Igor Sapic Günderinnen von *Göttin des Glücks*

Lisa Muhr

Was mir Kraft gibt, ist der Glaube an die gute Sache, dass wir das schaffen. Ich bin nicht der Typ, der aufgibt, wenn er mal was anfängt. Ich habe früher Leistungssport gemacht. Wenn ich ein Ziel habe, dann gilt volle Kraft voraus, auf das hinarbeiten und nicht aufgeben.

Als Mann wäre ich vielleicht nicht so kreativ geworden und hätte als Familienernährer womöglich einen ganz normalen Job als Architekt angenommen.

Dessi Stoytcheva

Wir haben ziemlich viele Tiefschläge erlebt in der Familie. Als zum Beispiel meine Eltern 1990 nach der Wende ohne Job dagestanden sind und alles Mögliche versucht haben. Und seitdem bin ich einfach so: zielstrebig, weil wir überleben müssen.

Ich wurde bis zu meiner Geburt als Stefan gehandelt und von meinem Vater dann auch dementsprechend erzogen. Als Mann hätte ich alles gleich gemacht, nur dass ich es leichter gehabt hätte im Leben. Männer haben es leichter und werden auch mehr respektiert. Das ist einfach seit Jahrtausenden so.

ANNELIESE ROHRER

Journalistin

Ich bin vaterlos aufgewachsen, in einem reinen Frauenhaus. Meine Mutter hatte ein Geschäft, war Kriegswitwe und ich war die Jüngste. Sie war vom Krieg und den drei Kindern zu einem Leben gezwungen, das sie eigentlich so nicht wollte.

Daher sehe ich es als Privileg an, wenn du im Leben etwas findest, was du wirklich machen willst, wo du mit der ganzen Freude dabei bist. Das ist ein Geschenk. Wenn man etwas wirklich gerne macht, dann arbeitet man nicht. Ich wollte immer schon Journalistin sein, immer. Ich habe schon mit 16 oder 17 bei der Kleinen Zeitung gearbeitet. Und ich musste aus Klagenfurt weg, ich wollte raus! Das war ein richtiger Pullfaktor und ich bin nach Amerika gegangen.

Ich habe nicht genug Fantasie, um mir mein Leben als Mann vorzustellen. Wenn ich als Bub auf die Welt gekommen wäre, wäre ich vielleicht gezwungen worden, das Geschäft zu übernehmen. Könnte sein. Aber damit hat sich's mit meiner Fantasie auch schon.

ANNA JERMOLAEVA

Künstlerin

Meine Eltern haben mir arbeiten beigebracht. Sie haben mich nicht gelehrt, wie man glücklich ist. Alle sagen, dass ich sehr ehrlich bin. Und mich macht Ungerechtigkeit richtig krank, ich muss was dagegen tun. Ich war in Russland politisch aktiv, wir haben die erste oppositionelle Partei gegründet. Dann haben wir Probleme mit dem KGB bekommen, Hausdurchsuchungen und Vernehmungen, und dann mussten wir flüchten. Ich war ein Monat in Traiskirchen und habe politisches Asyl bekommen. Ich habe dann als Putzfrau gearbeitet und studiert. Ich wollte schon immer Kunst machen, schon seit ich vier Jahre alt bin. Absurderweise lebe ich jetzt davon, das habe ich mir nie träumen lassen. Ich glaube mein glücklichstes Erlebnis war, als ich auf der Akademie aufgenommen wurde. Mit der Kunst kann ich mich am besten ausdrücken. Ich hatte schon immer den Wunsch, mich auszudrücken, ich weiß nicht warum.

Ich bin wie ein Bub aufgewachsen. Mein Vater und mein Großvater haben mich lange Anton genannt. Ich war dann auch in einer Clique mit lauter Buben. Wir haben gekämpft und uns Gefahren ausgesetzt, uns geprügelt und Granaten aus dem Fluss rausgeholt. Dann habe ich gemerkt, dass ich ja doch irgendwie anders bin. Als ich eines Tages mit den Jungs auf dem Baum saß und alle schauten in die Fenster der Frauensauna, dachte ich mir, ich kann das eh immer sehen, wieso sitze ich da?
Ich habe immer noch sehr viele männliche Eigenschaften. Wahrscheinlich wäre nicht so viel anders gewesen als Mann, ich würde sagen, ich persönlich habe keine Nachteile als Frau.

MARIE-THÉRÈSE ESCRIBANO

Schauspielerin, Sängerin, Autorin

Was ich mache, ist das einzige, was ich kann, und ich wollte nie einen anderen Beruf. Meine Mutter hat sehr schön gesungen und ich habe mit ihr gesungen. Das Singen war der rote Faden meines Lebens. Es wurde auch nicht besonders gelobt, ich bin nicht unter Druck gewesen, das war ganz natürlich, und ich glaube, das hat mir sehr viel Freiheit gegeben.
Ich habe eine große Leidenschaft für das, was ich mache, und weil mein Leben nicht stehen bleibt, kommt immer wieder der Wunsch nach Veränderungen. Natürlich, ich bleibe bei Musik und Schauspiel, aber es sind viele verschiedene Stile, die ich gemacht habe. Dieses Verschiedene, das bin ja alles ich.

Meine Mutter hat mich eigentlich wie einen Bub erzogen. Das hat mir eine gewisse Sicherheit gegeben, aber die war illusorisch, weil ich dann, im Kampf des Lebens, wenn man so sagen kann, erfahren habe, dass es anders ist. Und ich glaube, dass ich viel, viel weiter gekommen wäre als Mann. Es ist zum Beispiel immer noch so, dass viele mich fragen: „Von wem sind die Texte, von wem ist die Regie?" Das hätten sie einen Mann nie gefragt.

FRIEDERIKE BLÜMELHUBER

AHS Lehrerin für Chemie bis 1992
Gerichtssachverständige für Kriminaltechnik, Profilerin
Psychoanalytikerin

Ich will immer wissen, was hinter der Oberfläche ist. Das Offensichtliche interessiert mich nicht. Das hat mit der Chemie begonnen und betrifft sowohl die Kriminaltechnik wie das Profiling und die Psychoanalyse. Ich war 20 Jahre lang Lehrerin und habe dann begonnen, Schlag auf Schlag extrem viele Ausbildungen zu machen. Aus Lust am Lernen. Das ist überhaupt ein Motto meines Lebens, was immer ich gelernt habe, habe ich mit Lust und Leidenschaft gelernt.

Wenn man dann ständig mit so schwerwiegenden Fällen beschäftigt ist, bei denen Menschen einander fürchterliche Dinge antun, dann stellt sich natürlich einmal die Frage: „Wie kommt's dazu?" Dieses Hineingeworfen-Sein des Menschen ins Leben, ein Kind wird irgendwo hinein geboren, ist dem ausgesetzt und kann's nicht verändern. Da kam, aus meiner sehr traumatischen Biographie heraus gesehen, der Wunsch, gegen diese Unabänderlichkeit etwas zu tun. So bin ich Psychoanalytikerin geworden.

Ich bin in einer klassischen Männerdomäne tätig, da wäre als Mann vieles einfacher und selbstverständlicher gewesen, auch die Zusammenarbeit mit der Exekutive. Auch heute noch gibt's in technischen Bereichen praktisch keine weiblichen Sachverständigen. Magistra oder Mittelschullehrerin darf man gerade noch sein, aber Gerichtssachverständige für Kriminologie ist dann schon sehr exotisch.

Wenn in der Gesellschaft Männer und Frauen wirklich gleichrangig wären, gäbe es wohl weniger Vergewaltigungen. Dieses Delikt hat auch mit der Machtposition der Männer zu tun. Auch nach wie vor bei uns in Österreich.

ANNE BENNENT

Schauspielerin

Was mich immer weiter gehen lässt auf meinem Weg ist das Gefühl, in der Welt zu sein. Und zwar egal, wo ich bin. Ich glaube, ich könnte überall zu Hause sein. Außer da, wo man einfach eingesperrt wird. Meine Eltern waren schon sehr tolle Leute, Freidenker irgendwie, und das hat bestimmt damit was zu tun. Aber es hat auch mit Glück zu tun. Ich habe schon oft das Gefühl, dass ich ein Glückskind bin. Und das gibt natürlich auch Kraft oder Zuversicht oder was auch immer.

Wenn ich ein Mann gewesen wäre, hätte ich irgendwas hergestellt mit meinen Händen. Auf hohe Leitern steigen, Dächer bauen, aber herumziehen wie diese wandernden Gesellen. Das sind komischerweise immer Männer, und das stell ich mir als ein schönes Männerleben vor. Herumvagabundieren und ein gutes Handwerk können und davon leben, sich an verschiedenen Orten immer eine Arbeit suchen, die einem gefällt, und frei sein.

ULRIKE DIEBOLD

Physikerin, Universitätsprofessorin

Mein Vater war Ingenieur. Das Technische, Naturwissenschaftliche hat man mitgeatmet, auch wenn es nicht speziell gefördert wurde. Ich habe mich für alles interessiert, auch für Sprachen, aber bei technischer Physik, da legt man sich nicht so fest. Dass man mir dann gesagt hat, „da musst du aber gescheit sein", das hat mir schon gefallen, das hat mich auch weitergetrieben. Als ich dann begonnen habe, im Labor zu arbeiten und wirklich zu forschen, wo es nicht klar ist, ob es eine Lösung gibt, es kommt nur auf einen selbst an, ob es funktioniert oder nicht, da kam so richtig die Begeisterung, das ist wirklich spannend.

Es sind schon immer wieder Selbstzweifel, große. Es ist so wie beim Bergsteigen, glaube ich, man muss einfach weiter. Umdrehen kommt nicht in Frage. Vielleicht kommt das schon durch die Familie, es war einfach keine Option, dass man in der Schule keine guten Noten hat oder dass man nicht ordentlich lernt.

Ich glaube, mein Leben wäre nicht viel anders verlaufen, wenn ich als Bub auf die Welt gekommen wäre. Ich hätte wahrscheinlich auch Physik studiert. Die Rollenverteilung in der Familie wäre vermutlich anders gewesen. Dadurch, dass ich in einem naturwissenschaftlichen Beruf mit hohem Sozialprestige praktisch mehr Karriere gemacht habe als mein Mann, ist es sehr partnerschaftlich, wie wir das mit den Kindern lösen. Normalerweise ist es ja immer ungleich, aber bei uns ist es nicht so.

EVA BLIMLINGER

Historikerin
Rektorin der Akademie der bildenden Künste Wien

Ein ganz wichtiger Punkt in meiner Erziehung war, dass ich und meine beiden Geschwister angstfrei aufgewachsen sind. Meine Mutter hat immer von uns verlangt, wenn wir einen Blödsinn gemacht haben, dass wir erklären, warum. Das war die einzige Sanktion. Das geht einem als Zehn-, Zwölfjährige ziemlich auf die Nerven, weil man es ja einfach macht. Man überlegt nicht, warum. Meine Mutter ist gestorben, als ich 14 war, aber dieses angstfreie Fundament war so gelegt, dass es eigentlich mein ganzes Leben bis dato bestimmt hat. Ich fürchte mich selten, außer es brennt wo.

In der Familie wäre nichts anders gewesen, wenn ich als Bub auf die Welt gekommen wäre. Im Studium habe ich mich bald mit Frauenthemen auseinandergesetzt und mich in manchen Bereichen ziemlich als Feministin exponiert. Da hat's Wickel gegeben, aber in the long run, wie man sieht, hat es nicht dazu geführt, dass ich gescheitert bin, ganz im Gegenteil. Wenn ich ein Mann gewesen wäre, hätte sich vielleicht etwas anderes ergeben, wo ich mich positioniert hätte, und ich wäre wahrscheinlich kein Feminist geworden. Was das gewesen wäre, weiß ich nicht.

SCHWESTER SILKE MALLMANN

Sozialpädagogin, Psychologin

Ich glaube, die Kraft, mich einzusetzen, kommt von Menschen, die es vorgelebt haben, und sicherlich auch vom christlichen Lebensethos her: diese Nachfolge Christi ernst zu nehmen, den Einsatz für den Anderen als Auftrag, dass Gott eine Welt gewollt hat, die anders ist, als wir sie im Moment leben. Die andere Motivation ist, dass jeder Mensch seine Würde hat und behalten soll. Das ist für mich schon sehr wichtig, dieser Einsatz für Menschenwürde, egal wo. Ich arbeite im Moment mit Opfern von Menschenhandel und Zwangsprostitution in Österreich und habe vorher mit Menschen mit HIV und AIDS in Südafrika gearbeitet.

Das Wichtigste ist mir, dass die Menschen zum Kämpfen befähigt werden. Wenn ich für jemanden kämpfe, bringt das nichts. Es geht primär darum, also gerade in der Arbeit mit Frauen, sie selber zu befähigen.

Mein Leben als Mann wäre vielleicht langweiliger verlaufen. Vielleicht hätte ich weniger Freiheit. Ich merke bei Ordensfrauen, und das war schon im Mittelalter so, dass wir unser Frausein ganz bewusst leben, auch unseren Einsatz ganz bewusst leben. Die Arbeit, die ich mache, das ginge als Mann nicht. Ich habe nie gespürt, dass ich als Mädchen oder Frau weniger Chancen habe.

ELFIE SEMOTAN

Fotografin

Ich habe mich schon als kleines Kind in einer anderen Position gefunden als viele andere Kinder. Einfach weil die Familienverhältnisse schwierig waren, meine Mutter weggegangen und ich sehr oft auf mich alleine angewiesen war. Ich habe dann auch gesehen, dass ich schnell begreife und lerne. Und so habe ich trotz dieser sehr komplizierten Familienstruktur ein Selbstvertrauen entwickelt, das nur auf mir selbst basiert.

Ich könnte nicht sagen, dass ich gelitten habe, weil meine Mutter weg war, ich war ein fröhliches Kind. Ich wusste ja, dass sie mich holen will, aber es einfach wirtschaftlich nicht konnte. Sie war eine mutige Frau, unglaublich selbstständig für ihre Zeit. Sie wollte ihre Pläne verwirklichen, ist weggegangen und hat einen Kahlschlag hinterlassen. Das war andererseits für uns auch eine Schneise, aus dieser dörflichen, engen Situation herauszufinden. Wir haben immer gewusst, wir haben eine Mutter irgendwo in der Stadt, und man kann zu ihr gehen, wenn es wichtig ist.

Vielleicht habe ich dadurch gelernt, dass man sich unerträglichen Situationen nicht unterwerfen muss. Wenn ich mir denke, eine Situation schadet mir, dann stürze ich mich in irgendetwas anderes und schaue, wie ich das bewältigen kann. Ich bin damals nach Paris gefahren, ich hatte keine Ahnung, wie ich dort leben und überleben soll. Dieses Verhalten erstreckt sich auf alle Bereiche.

Es ist auch so, dass ich festgestellt habe, dass ich viele Dinge eigentlich nur so machen kann, wie ich sie mache. Dass das jetzt nicht so ein unglaublicher Verdienst ist, sondern dass es für mich gar nicht anders geht.

Ich glaube, mein Leben als Mann wäre genauso verlaufen. Das was mich an Männern und Männerbündnissen stört, hätte mich als Mann genauso gestört. Man kann ja auch als Frau mitmachen, aber das konnte ich auch nicht.

MARIA STRUTZ

Gastwirtin, Landwirtin, Köchin mit selbst erzeugten Produkten

Meine Eltern waren arm, sie haben nur zwei Stück Vieh gehabt. Der Vater ist Holzarbeiter gewesen, es war steil und beschwerlich zum Arbeiten. Ich habe von Kindheit an mitgekriegt, dass das Leben nicht so einfach ist. Mir ist keine Arbeit zu viel, ich greife alles an. Das habe ich von daheim gelernt. Es ist nichts geschenkt im Leben. Wir haben uns das alles hier erarbeiten müssen. Ich habe immer gedacht, ja, es ist richtig, dass man sich was schafft. Es war alles zum Herrichten hier, alles war kaputt. Keine Straße. Es war nicht einfach. Als mein Mann dann gestorben ist, das war am Anfang schon sehr schwer. Ich habe dann halt gedacht, jetzt haben wir schon so lange gearbeitet an dem Ganzen und die Kinder sind da, warum sollen wir jetzt alles aufgeben? Das hat mir die Kraft gegeben, weiterzumachen. Jetzt haben wir drei Gasthäuser.

Ich glaube, als Mann wäre ich genauso stark und zielstrebig gewesen und hätte die Arbeit nicht gescheut. Wenn man sagt: „Frauen sollen das nicht und das nicht", das ist wirklich ein Blödsinn, eine Frau kann alles genauso.

ROSWITA KÖNIGSWIESER

Sozialwissenschaftlerin
Mitentwicklerin der systemischen Organisationsberatung
Gründerin von *Königswieser & Network*

Ich hatte eine sehr schwierige Position in meiner Herkunftsfamilie. Aber ich hatte dann Menschen um mich herum, wie meinen Vater, meine Großmutter, die mir das Gefühl gegeben haben: Du bist echt toll und ich liebe dich. Das hat mir Kraft gegeben. Ich glaube nämlich, wenn man es nur gut hat, wenn einem alle Steine weggeräumt werden, dann kriegt man nie die Tiefe. Das ist eine gewagte These: Die interessantesten Menschen sind meistens die mit Brüchen, mit Leiderfahrungen.

Ich war nach zwei Söhnen die erste Tochter von sechs Kindern und wir Schwestern wurden absolut benachteiligt. Meine Brüder durften studieren, wir mussten früh unter die Haube.
Ich hätte als Mann wohl ein lineareres Leben gehabt, ich wäre vielleicht Anwalt, Arzt oder Unternehmer geworden, aber ich wäre undifferenzierter. Ich mag meine Brüder sehr, aber wir Schwestern sind uns einig, von wegen Reflexion, Bewusstheit, Hinschauen auf Probleme, etwas gesellschaftlich Relevantes Tun, da ist ein großer Unterschied zwischen uns.

UTE BOCK

Sozialpädagogin

Ich bin ganz streng erzogen worden. In der ersten Zeit in Biedermannsdorf, als Erzieherin, ist es mir wirklich schlecht gegangen. Mein Vater hat nur gesagt: „Du hast dir das ausgesucht, raunz nicht." Heute bin ich ihm dankbar. Dass ich das alles durchstehe, das war sicher meine Erziehung. Da redet man nicht drüber, das macht man einfach. Aus. Mein Vater war launisch, er war ekelhaft. Ich würde das nicht weiterempfehlen als Erziehungsmethode.

Mir haben die Kinder Leid getan im Heim, ich habe so etwas früher ja nie gesehen. Ich habe mir gedacht, das kann ich nicht so lassen, da muss ich was verändern. Mein Großvater hat eine Schwester gehabt, die hat in ihrem Haus Haftentlassene betreut. Witzig, oder? Und immer haben sie mir gesagt: „Du bist genau wie die Tante Grete."

Ich habe erlebt, wie sich zum Beispiel in der Jugendfürsorge alles gebessert hat. Auch beim Sozialamt war es früher besser. Dass das wieder so wird, wie es einmal war, auch dass die Leute auf der Straße miteinander netter sind, das will ich erreichen.

Als Bub wäre ich von meinem Vater nicht besser behandelt worden, der hat meinen Bruder auch nicht gut behandelt. Und ich habe schon damals immer geglaubt, ich muss ihn beschützen. Wahrscheinlich wäre nichts anders gewesen, wenn ich ein Mann gewesen wäre. Ich glaube, das ist ein Genfehler bei mir, das Helfen.

SANDRA HAISCHBERGER

Porzellandesignerin
Gründerin des Labels *feinedinge*

Mein Vater ist Lokführer und ausgebildeter Maschinenschlosser und ist fix davon ausgegangen, dass ich ein Bub werde. Ich habe schon sehr lang damit gehadert, immer einer sein zu wollen, und habe immer nur gehört, wie ungeschickt ich bin. Eine Motivation für meine Arbeit ist sicher auch, dass quasi dieser Beweis abgeliefert werden muss, dass dem nicht so ist, dass ich sehr wohl handwerklich was kann. Das fällt mir erst jetzt beim Reden auf, lustigerweise mit einem Material, das mein Vater, der praktisch alles kann, nicht beherrscht.

Was mir wahnsinnig viel gibt, ist die Begeisterung fürs Material, und dann, wenn der Ofen aufgeht, dieses Objekt tatsächlich in den Händen zu halten als benutzbares Ding. Und die Freude, wenn die Produkte gekauft werden. Weil das bedeutet, dass ich von dem, was ich gerne tue, leben kann. Das war zu Beginn unvorstellbar.

Wenn ich als Bub auf die Welt gekommen wäre, hätte ich irgendeinen klassischen Handwerksberuf erlernt. Wahrscheinlich wäre ich Automechaniker geworden oder Lokführer wie mein Bruder.

RENÉE SCHROEDER

Biochemikerin, Universitätsprofessorin

Ich glaube, dass ich von Anfang an angeeckt bin, schon als Kind, und mein Vater hat mich immer verteidigt und gesagt: „Sie ist nicht schlecht erzogen, sie ist unerziehbar." Das bedeutet, er hat mich eigentlich sein lassen, wie ich bin. Er hat mich überhaupt nicht in eine Ecke gedrängt. Und wenn ich ihn um Rat gefragt habe, hat er mir nie geantwortet, sondern gesagt: „Wenn du mich fragst, so mach, wie du denkst." Ich habe mich immer so geärgert darüber, das war ja wirklich nicht hilfreich, aber dann habe ich mir überlegt: Was will ich eigentlich?

Wenn ich als Bub auf die Welt gekommen wäre, hätte ich genau das Gleiche gemacht. Als ich dann schwanger war und Kinder bekommen habe, habe ich gewusst, ich will wirklich nur eine Frau sein, weil das so ein tolles Erlebnis ist. Aber bei allem anderen ist es vollkommen irrelevant, ob ich Mann oder Frau bin.

Unsere Generation hat es viel leichter gehabt als die jetzige, weil man keine Erwartungen an uns gestellt hat. Aber heutzutage müssen ja Frauen alles können. Diese Totalperfektion, die man ihnen abverlangt! In jedem Job um fünfzig Prozent besser sein als jeder Mann und nebenher Kinder schupfen und fesch auch noch sein.

ILSE MAIER   BIRGIT BRAUNSTEIN

Bio-Winzerin   Bio-Winzerin
Initiatorin des Projektes *Wildwux*

Ilse Maier

Wenn ich fühle, dass etwas richtig ist, dann lasse ich mich nicht davon ab-
bringen. Der Bioweinbau war ja anfangs total unwirtschaftlich. Das war
schon immer so: Die Frauen bei uns haben sich nicht unterkriegen lassen.
Meine Urgroßmutter war schon eine Kämpferin und hat als junge Witwe das
Ziegelwerk mit ihren fünf Töchtern weitergeführt. Das habe ich mitbekommen: Als Frau ist man selbstbewusst und geht den eigenen Weg.

Als Mann wäre mein Leben wohl ähnlich verlaufen. Es war für uns immer
selbstverständlich, dass ich als jüngste Tochter den Betrieb übernehme.
Vielleicht hat man es als Frau ein bisschen leichter, wenn man was Ausge-
fallenes macht, aber ohne hohe fachliche Kompetenz bekommt man sicher
keine Anerkennung.

Birgit Braunstein

Ich habe viel aus den Tiefschlägen im Leben gelernt. Die haben mich zwar
ordentlich hergenommen, aber mir auch wieder viel Kraft gegeben. Ich weiß,
was für mich wirklich zählt: der Halt in der Familie, die Vereinigung mit den
elf Winzerinnen, die Freundschaften. Sie haben mir Kraft gegeben, das zu
tun, was ich wirklich will.

Als Mann wäre ich wohl weniger mit Fragen konfrontiert wie: „Können Sie
die Presse einschalten?" oder „Wer füllt den Wein ab?". Aber wenn man als
Frau diesen Beruf mit Liebe und Leidenschaft ausübt, dann kann man es
schaffen.

SONJA HAMMERSCHMID

Molekularbiologin
Rektorin der Veterinärmedizinischen Universität Wien

Ich bin jemand, der Veränderung und Herausforderung braucht, der gestalten will. Ich bin ein Arbeiterkind, mein Vater war in der Spritzgussfabrik und meine Mutter Sekretärin. Sie wollten, dass mir und meinem Bruder alles offensteht, und haben immer gesagt: „Geh deinen Weg, du kannst es."
Molekularbiologie war zuerst eine Notlösung. Ich wollte eigentlich Chirurgin werden. Mir hat allerdings die Verwandtschaft, in der es Ärzte gab, ganz klar signalisiert, als Frau geht das nie. Das würde ich mir heute nicht mehr ausreden lassen. Die Molekularbiologie war eine wunderbare Alternative mit viel Gestaltungsspielraum.
Nach ein paar Jahren war für mich klar, die reine Forschung ist nicht meins. Dann bekam ich einmalige Chancen und diese Chancen wusste ich zu nützen.
Ich habe einen durchaus ungewöhnlichen Lebenslauf, aber das ist das Spannende in meinem Leben: Immer unterschiedliche Dinge machen zu können, zu lernen und dabei Spaß zu haben – eine ganz wichtige Komponente.

Als Mann wäre ich vielleicht Chirurg geworden. Aber sonst hat mir das Frausein nie Probleme gemacht. Was für mich schwierig war, und das könnte schon eine Mann-Frau-Problematik sein, ist, ganz hohe öffentliche Ämter zu bekommen, abseits der Universität. Diese gläserne Decke habe ich schon gespürt. Vielleicht auch, weil ich nie bereit war, mich parteipolitisch zu deklarieren.

FRIEDERIKE MAYRÖCKER

Dichterin

Es ist immer eine Stimme oder wie immer man es nennen will, eine Stimme oder ein Ton oder etwas, das nicht überhörbar ist: „Ich werde weiterschreiben, ich möchte weiterschreiben, ich will weiterschreiben." Das hält mich aufrecht. Das Schreiben hilft mir auch, überhaupt zu leben. Immer schon. Durch schwere und schwerste Zeiten hindurch. Und dann natürlich die moralische Unterstützung vom Ernst Jandl, weil er immer gesagt hat, wir dürfen nicht aufgeben, auch wenn die Situation noch so schlimm war, und die war auch schlimm.

Das Schreiben ist in mich hineingeboren worden. Meine Mutter war auch künstlerisch tätig und von ihr habe ich schon sehr viel mitgekriegt. Und seltsamerweise meine vergötterte Großmutter mütterlicherseits, die war eine Träumerin, und ich bin ganz so nach ihr.

Das habe ich oft schon gedacht, wie mein Leben wohl gewesen wäre als Mann? Na ja, ich war ja eine Art Bub. Als Kind habe ich mich so als Bub gefühlt. Ob ich ein richtiger Frauenheld geworden wäre? Vielleicht wäre ich auch sehr schüchtern gewesen, ist auch möglich. Geschrieben hätte ich auf jeden Fall, und als Mann hätte ich mehr Erfolg gehabt.

HELENE KARMASIN

Psychologin, Semiotikerin
Gründerin von *Karmasin Motivforschung*

Meine Eltern haben beide gearbeitet, ich habe es nicht anders gekannt, als dass Frauen intensiv mitarbeiten. Ich wollte meinen Platz in dieser Gesellschaft erringen, befestigen und halten.

Was mich auch vorantreibt, ist meine Leidenschaft für das, was ich tue, dass ich neue Erkenntnisse gewinne über das Funktionieren unserer Kultur, unserer Gesellschaft und den Einfluss, den sie auf Menschen ausübt. Das hat mich einfach fasziniert, immer wieder aufs Neue, jeden Tag aufs Neue fasziniert.

Als Mann hätte ich nicht die Chance gehabt zu erleben, wie schön das Leben mit Kindern ist. Dass es da noch eine Welt jenseits der Rationalität und des Berufes gibt. Ich glaube eigentlich, dass Männer sehr stark eingeengt sind durch ihre Rolle, die es ihnen erst in allerjüngster Gegenwart erlaubt, Gefühle zuzulassen. Ja, diese spielerisch-zärtlichen Seiten des Lebens zu erleben.

EVA WEISSENBERGER

Journalistin

Ich bin Journalistin geworden, weil das der Beruf ist, zu dem meine guten und schlechten Eigenschaften am besten passen. In meiner Jugend habe ich gemeinsam mit meiner besten Freundin die absurdesten Jobs gemacht oder Abenteuer gesucht, weil wir wissen wollten, wie es in fremden Welten zugeht. Ich bin wahnsinnig neugierig.
Warum ich dann Karriere machen wollte? Aus Ehrgeiz, Geltungsdrang und Existenzängsten. Natürlich will ich meinen Beitrag zur Demokratie leisten, aber das ist, wenn ich ganz ehrlich bin, erst der zweite Schritt. Sonst hätte ich mir keinen Beruf gesucht, bei dem ich mich in den Mittelpunkt drängen kann, sondern könnte auch im Hintergrund in einer NGO sein. Und wäre nicht zu jedem Fotoshooting bereit.

Ich habe zwei ältere Schwestern und meine Eltern haben sich natürlich schon einen Sohn gewünscht. Als Bub hätte ich mehr Aufmerksamkeit und Lob bekommen, bei uns zu Hause war nie eine Leistung gut genug. Dadurch wäre ich vielleicht weniger ehrgeizig und hätte es nicht so weit gebracht. Im Beruf habe ich wie alle Schwierigkeiten gehabt, und es war nicht selbstverständlich, dass man als Frau die erste Wahl ist fürs Weiterkommen. Auf der anderen Seite wurde ich um die dreißig oft als junge Quotenfrau besetzt bei Gastkommentaren oder Fernsehdiskussionen und konnte mir dadurch einen Namen machen.

CHRISTA STIPPINGER

Verlegerin *edition exil*

Die Beziehung zu meinem Vater war sehr schwierig und das hat Gott sei Dank ganz heftig meinen Widerspruchsgeist geweckt. Man muss da durch und irgendwann erwacht die Kraft in einem. Ich habe lange und sehr gerne als Projektbetreuerin im Amerlinghaus gearbeitet. Dann bin ich plötzlich gekündigt worden. Das war für mich wie: Jetzt ist mein Leben zu Ende. Aber am nächsten Tag habe ich mir gesagt: Nein, ich werde erkämpfen, dass ich hier bleibe und meine eigenen Projekte mache. Dann habe ich mit einer Kollegin den Verein Exil gegründet. Anfangs habe ich mit Kindern gearbeitet: Lernhilfebetreuung für Zuwandererkinder.

Ich musste überleben, ich bin Alleinerzieherin. Ich konnte mich nicht einfach fallen lassen. Und außerdem habe ich immer gewusst, ich will was tun. Ich habe vielleicht damals, 1988, noch nicht genau gewusst, was. Ich habe nur gewusst, ich will mit Menschen aus anderen Kulturen arbeiten und habe dann auch die *edition exil* gegründet. Ich bin glücklich mit dieser Arbeit, das füllt mich total aus. Es macht mir irrsinnigen Spaß, mit diesen jungen Autoren zu arbeiten, es ist genau das, was ich will.

Wie wohl mein Leben verlaufen wäre, wenn ich als Bub auf die Welt gekommen wäre? Mit diesem Vater? Mein Bruder hatte eine andere Ausgangssituation als Sohn. Das ist ja leider so, dass Söhne anders behandelt werden. Ich glaube nicht, dass ich mehr gefördert worden wäre. Mein Bruder ist nicht mehr gefördert worden, es sind ihm nur andere Dinge eingeredet worden. Die Gesellschaft stellt andere Erwartungen an einen Mann als an eine Frau. Das ist leider noch immer so.

HELGA RABL-STADLER

Präsidentin der Salzburger Festspiele

Mein Durchhaltevermögen habe ich definitiv von meiner Mutter. Die war eine ungewöhnlich selbstständige Frau, eine sehr erfolgreiche Unternehmerin. Sie hat nie jemanden gefragt, schon gar nicht ihren Mann. Von ihr habe ich zwei wichtige Dinge: Mangel an Selbstmitleid und kein Talent zur Frustration. Außerdem bin ich ein Optimist: Ich sehe in der Veränderung die Chance der Änderung zum Besseren und fürchte nicht ständig die Wende zum Schlechteren. Aber natürlich ist es für jede Frau, auch für mich, schwierig, die Brüche im Leben zu verarbeiten, und ein Kind zu kriegen ist ein wirklich wilder Bruch in jedem Frauenleben. Dieselben Menschen, die erwarten, dass wir Frauen einen Beruf erlernen und erfüllen, wollen, dass sich das alles mit dem ersten Kind ändert. Ich habe glücklicherweise eine Mutter, die mir zwar praktisch nicht helfen konnte, weil sie selbst berufstätig war, die mich aber mental gestärkt hat. Sie hat mir immer gesagt: „Lass dir nicht einreden, dass du eine Rabenmutter bist, wenn du trotz der Kinder weiterarbeitest. Du bist eine Rabl-Mutter."

Mein Leben wäre sicher einfacher gewesen, wenn ich als Bub auf die Welt gekommen wäre. Das hat damit begonnen, dass ich gerne das humanistische Gymnasium besucht hätte. Das war aber zu meiner Zeit eine reine Bubenschule und für Mädchen off limits. Ich musste, ob als Studentin, als Journalistin oder als Politikerin, beweisen, dass ich das mindestens so gut kann wie ein Mann. Andererseits fällt eine tüchtige Frau auch heute noch mehr auf als ein tüchtiger Mann. Vielleicht haben wir dadurch mehr Chancen. Aber ich weiß es nicht, ich beschäftige mich nicht mit „was wäre wenn".

MARIA HOFSTÄTTER

Schauspielerin

Ich bin als Bauerntochter aufgewachsen und das erste wirklich Spannende in meinem Leben war, dass ich Lesen gelernt habe. Dadurch war mir relativ früh schon klar, dass ich nicht im Dorf bleiben möchte, weil ich wusste, die Welt ist groß und spannend. Schwierig war es dann, meinen Weg zu finden. Ich habe nie davon geträumt, Schauspielerin zu werden. Am liebsten wäre ich Historikerin geworden. Aber ich habe sowieso allen Dingen gegenüber geglaubt, dass ich sie nicht schaffe. Das mit der Schauspielerei ist mir ganz zufällig passiert. Ich bin mir eigentlich die ersten Jahre immer wie eine Hochstaplerin vorgekommen und habe sehr viel Zuspruch von anderen gebraucht. Dass man sich äußern kann über Dinge, die einem am Herzen liegen, über gesellschaftliche Zustände, das hat mir schon gut gefallen. Aber ich hatte nicht diesen Karrierewillen, den habe ich noch immer nicht.

Vielleicht ist das eine Illusion, aber ich denke mir noch immer, jetzt bin ich zwar schon fast 50, aber es könnte ja theoretisch auch noch ganz was anderes auf mich zukommen, was dann vielleicht wichtiger und interessanter ist. Jeder lebt ja sein Leben, für mich ist es Luxus, mit Leuten zu arbeiten, die ich gerne mag, Dinge zu tun, die mich interessieren.

Ich bin in einem Männerhaushalt aufgewachsen mit lauter Brüdern. Was mir dann auch Schwierigkeiten bereitet hat, eine Frau zu werden. Das Rollenvorbild meiner Mutter wollte ich nicht übernehmen. Ich glaube, ich wäre als Mann genauso weggegangen, das wäre nicht anders gewesen. Ob ich mich mit der männlichen Identität leichter getan hätte? Möglicherweise. Am Dorf in den 60er- und 70er-Jahren, das war schon sehr patriarchalisch strukturiert. Da waren die Rollen festgeschrieben. Ob ich einen anderen Beruf hätte, kann ich nicht sagen.

GABRIELE HEINISCH-HOSEK

Bundesministerin für Frauen und Öffentlichen Dienst

Ich bin in einem Arbeiterinnen- und Arbeiterhaushalt aufgewachsen mit meinem Bruder, und da waren die Rollen klar verteilt. Das ist nicht etwas, was einen unbedingt stark macht, wenn man alles erledigen muss und der Bruder fast nichts. In der Oberstufe bin ich dann in Wien in die Schule gegangen und habe mich später bei den Österreichischen Kinderfreunden engagiert, wo ich auch Begegnungen mit sehr benachteiligten Kindern hatte. Ich bin dann kommunalpolitisch tätig geworden, ab den 90er-Jahren. Da habe ich gemerkt, gestalten geht ja auch, gegen Benachteiligung kann man was tun.

Wenn ich jetzt so nachdenke, nach vielen, vielen Jahrzehnten, war mir vielleicht auch unbewusst im Kopf, dass meine Mutter nie den Lehrberuf ergreifen wollte, den ihre Mutter für sie ausgesucht hat. Sie hätte lieber etwas anderes gemacht, hat aber dann Schneiderin gelernt und ihren Beruf nie geliebt.

Wirklich, wirklich stark gemacht hat mich die dreijährige Beziehung zu einem schwerstbehinderten Kind, das ich begleiten durfte bis zu seinem Tod. In dieser Zeit habe ich vieles gelernt: Gelassenheit, Lebensfreude, mich aufs Wesentliche Konzentrieren.

Als Mann hätte ich wahrscheinlich einen Metallerberuf ergriffen und wäre Gewerkschafter geworden. Als Bub in einem Arbeiterinnen- und Arbeiterhaushalt, in der Gegend, wo wir gelebt haben, ich glaube, das wäre ein ganz klassischer Verlauf ohne Höhepunkte, Feuerwehr vielleicht.

SUSANNE KIRCHMAYR / ELECTRIC INDIGO

Musikerin, Komponistin, DJ

Ich glaube, was mich weitertreibt in meinem Leben, mich auch Schwieriges durchstehen lässt, ist zum einen mein Naturell, aber auf der anderen Seite, ganz pragmatisch, war es der relativ frühe Unfalltod meiner Eltern. Sie sind beide bei einem Autounfall gestorben, als ich 18 war. Und da hatte ich dann plötzlich keinen Boden unter den Füßen und gleichzeitig eine irre Freiheit. Das war überwältigend, ein riesengroßer, plötzlicher, krasser Wechsel.

Als Mann hätte ich sehr viel mit einer noch größeren Selbstverständlichkeit machen können. Da wäre vieles anders gewesen. Ich bin immer wieder aufs Neue überrascht und konsterniert, dass es für die Umwelt nicht selbstverständlich ist, was ich mache. Das war ja auch der Grund, warum ich *female:pressure* gestartet habe, weil ich draufgekommen bin, aha, da gibt's also einen gewissen Informationsbedarf. Ich kann es mir natürlich nicht wirklich vorstellen, aber ich hoffe, dass ich als Mann auch eine Aufmerksamkeit für die Genderthematik entwickelt hätte. Ich denke, als Mann wäre ich auch intelligent gewesen.

DANKSAGUNG

Ich danke: meinem Mann Hannes Skocek für seine Unterstützung und seine Geduld und meiner Lektorin Angelika Klammer, von der ersten Idee bis zur letzten Korrektur hat sie mich mit Zuversicht, Humor und Scharfsinn begleitet. Meinem wunderbaren Art Director Johannes Pernerstorfer, der in seiner Genauigkeit nie den Blick für das Ganze verliert, danke ich. Ohne sie hätte ich dieses Buch nicht machen können. Ich danke Walter Kappacher für sein Vorwort. Das war ein wirkliches Geschenk für mich. Ich danke meinen Verlegern Sibylle und Kurt Hamtil für ihre Begeisterung und meiner Freundin Ursula Lehner für ihre Hilfe bei der Recherche. Hannah Rieger und Severin Corti danke ich für Ideen und Rat, Dr. Christian Friesl und Dr. Elisabeth Resmann für ihr Interesse und ihre Unterstützung.
Allen Frauen, die in diesem Buch vorkommen, danke ich von Herzen für ihr Vertrauen!

Für die finanzielle Unterstützung danke ich sehr herzlich folgenden Sponsoren: